Daphne Bruland

Zu: Klaus Mann: Mephisto, Roman einer Karriere

Hendrik Höfgen als Prototyp eines Opportunisten, eines Kollaborateurs des Nationalsozialismus

D1666040

Daphne Bruland

Zu: Klaus Mann: Mephisto, Roman einer Karriere

Hendrik Höfgen als Prototyp eines Opportunisten, eines Kollaborateurs des Nationalsozialismus

GRIN Verlag

Bibliografische Information Der Deutschen Bibliothek: Die Deutsche Bibliothek verzeichnet diese Publikation in der Deutschen Nationalbibliografie; detaillierte bibliografische Daten sind im Internet über http://dnb.ddb.de/ abrufbar.

1. Auflage 2002
Copyright © 2002 GRIN Verlag
http://www.grin.com/
Druck und Bindung: Books on Demand GmbH, Norderstedt Germany
ISBN 978-3-638-90153-6

Heinrich-Heine Universität
Germanistik II - Neuere Deutsche Philologie

Thematisches Proseminar: Deutschlandromane des Exils - von Anna Seghers bis Klaus Mann

Thema:
Klaus Mann: Mephisto, Roman einer Karriere

Hendrik Höfgen als Prototyp eines Opportunisten, eines Kollaborateurs des
Nationalsozialismus

Daphne Bruland

INHALTSVERZEICHNIS

1. Einleitung

Die folgende Arbeit über Klaus Manns Roman *Mephisto, Roman einer Karriere* soll einen allgemeinen Überblick über Verfasser und Werk geben und sich dann hauptsächlich mit der Hauptfigur des Romans beschäftigen. Da es zwar etliche Bibliographien zu Klaus Mann, aber weniger zu seinen Werken gibt, ist die Sekundärliteratur beschränkt. Besonders zu dem Roman *Mephisto* existieren zwar viele Aufsätze, welche doch recht veraltet sind und sich auch dadurch hauptsächlich mit der Schlüsselthematik, Gustaf Gründgens und der Publikationsproblematik des Romans befassen. Da meiner Meinung nach die Schlüsselthematik ausreichend diskutiert wurde und diese Diskusion die Bedeutung des Romans heute nicht ausreichend erfasst, soll es in dieser Arbeit weder um Gustaf Gründgens, andere Schlüsselfiguren oder Publikationsverbote gehen. Denn der Roman hat weitaus mehr als Theatertratsch zu bieten. Der *Roman einer Karriere* soll hier als gesellschaftskritisches, politisch-kämpferisches und psychologisches Zeitdokument betrachtet werden.

2.1. Biographisches zu Klaus Mann

Klaus Mann wurde am 18.11.1906 in München geboren, als zweites Kind von Thomas und Katia Mann. Nach Erika (geb. 1905) und Klaus folgten Golo (geb. 1909), Monika (geb. 1910), Elisabeth (geb. 1918) und Michael (geb. 1919) aus der Ehe von Thomas und Katia Mann. Als Sohn des Thomas Mann und als Neffe des Heinrich Mann wurde Klaus in eine „literarisch dicht besetzte Welt"[1] geboren, in welcher sich durchzusetzen und sich selbst als Literat zu behaubten zu einer lebenslang prägenden Belastung wurde. Dieses Umstand kommentiert Klaus Mann in einem Tagebucheintrag von 1937 als „schrecklich, dass in unserer Familie so gut wie alles schon einmal formuliert worden ist."[2] Schon in jungen Jahren versuchte sich das „Dichterkind" im literarischen Handwerk und trat schrill in die Öffentlichkeit[3]:

> „Der flitterhafte Glanz, der meinen Start umgab, ist nur zu verstehen – und nur zu verzeihen -, wenn man sich dazu den soliden Hintergrund des väterlichen Ruhms denkt. Es war in seinem Schatten, dass ich meine Laufbahn begann, und so zappelte ich mich wohl etwas ab und benahm mich ein wenig auffällig, um nicht völlig übersehen zu werden. Die Folge davon war, daß man nur zu sehr Notiz von mir nahm. Meist mit boshafter Absicht. Irritiert durch ständige Schmeicheleien und Sticheleien, benahm ich mich, ›grad zum Trotz‹, genauso indiskret und kapriziös, wie es offenbar von mir erwartet wurde." [4]

Klaus Mann „besaß zeitlebens keine eigene Wohnung, sondern führte in Hotelzimmern, Cafes und Büros"[5] ein ruheloses Leben nach der „Grundstimmung der literarischen Bohéme der zwanziger Jahre"[6]. Der Name Mann verschaffte ihm leichten Zugang zur Berliner Kulturszene, in welcher seine Homosexualität, „zu der Klaus Mann sich stets bedenkenlos und offen bekennt"[7], und sein Drogenkonsum „zumindest nicht ehrenrührig"[8] waren. Im Jahr 1925 erschien sein erstes Theaterstück *Anja und Ester*, welches im gleichen Jahr noch mit Klaus Mann, Erika Mann, Pamela

---

[1] Wolfgang Pasche: „Interpretationshilfen Exilromane. Klaus Mann, Mephisto; Irmgard Keun, Nach Mitternacht; Anna Seghers, Das siebte Kreuz". Stuttgart, 1993: S. 68
→ Pasche
[2] Klaus Mann: 21.6.1937, ebd., S.308. Zitiert nach Pasche, S. 68
[3] Vgl. Pasche, S. 70
[4] Klaus Mann: „Der Wendepunkt. Ein Lebensbericht". München, 1989: S. 196
→ Wendepunkt
[5] Eberhard Spangenberg: „Karriere eines Romans. Mephisto, Klaus Mann und Gustav Gründgens. Ein dokumentarischeer Bericht aus Deutschland und dem Exil 1925 bis heute". Reinbek, 1986: S.
→ Spangenberg
[6] Vgl. ebd., S.
[7] Vgl. Pasche, S. 60
[8] Vgl. Pasche, S. 70

Wedekind in der Besetzung und Gustav Gründgens - sowohl als Regisseur und auch als Schauspieler - an den Hamburger und Münchner Kammerspielen aufgeführt wurde[9]. Die Freundschaft zwischen Klaus Mann und Gustaf Gründgens kommt in den folgenden Jahren zum Bruch ebenso wie die Ehe Gründgens mit Erika Mann. Gustaf Gründgens der als Schauspieler in Hamburg Karriere machte und später im nationalsozialistischen Deutschland bis zum Intendanten des Berliner Staatstheaters aufstieg, wird später in Klaus Manns Roman *Mephisto, Roman einer Karriere*, Vorbild für den Charakter Hendrik Höfgen[10]. Im März 1933 kurz nach dem Reichstagsbrand ging Klaus Mann ins Exil, welches ihn in den folgenden Jahren nach Paris, Zürich und Amsterdam führte. Er sah die Entscheidung für das Exil als Verantwortung für politisches Handeln, „um das nationalsozialistische System zu bekämpfen."[11]. Als er in Amsterdam auf den Leiter des Querido-Verlags Fritz Landshoff trifft, gründete Klaus Mann die Exilzeitschrift „Die Sammlung", welche mit Aufsätzen „bekannter Autoren auf hohem literarischen Niveau"[12] antifaschistische politische Akzente setzen sollte. Fritz Landshorff beschreibt den exilierten Klaus Mann wie folgt:

„Aus dem spielerischen, weder sich noch die Welt allzu ernst nehmenden Jüngling wurde eine verantwortungsbewußte, selbstkritische Persönlichkeit, die höchste Forderungen an sich selbst stellte und die, durchaus bereit, ihre Aufgabe auch in der Nachkriegszeit zu erfüllen, tief enttäuscht war, dass diese Zeit sich ihm verschloß." [13]

Klaus Mann starb am 21. Mai 1949 in Cannes an einer Überdosis Schlaftabletten.

2.2. Entstehung, Intention und Publikation *von Mephisto, Roman einer Karriere*

Klaus Manns Roman *Mephisto, Roman einer Karriere* entstand 1936 im Exil und ist damit nach *Flucht in den Norden* und *Symphonie Pathetique* sein dritter Exilroman. Die Anregung zur Thematik erhielt Klaus Mann von dem Schriftsteller Hermann Kesten, welches ein Brief ebendieses an Klaus Mann belegt[14]. In jenem Brief entwirft

---

[9] Vgl. Pasche, S. 70
[10] Vgl. Spangenberg, S.
[11] Lutz Winkler: „...ein richtig gemeines Buch, voll von Tücken. Klaus Manns Roman Mephisto". In: Wolff, Rudolf (Hrsg.): Klaus Mann. Bonn, 1984: S 47
→ Winkler
[12] Vgl. Pache, S. 73
[13] Fritz Landshoff: „Amsterdam, Keizersgracht 333". A.a.O., S. 121. Zitiert nach Pasche, S. 73
[14] Lutz Winkler: „Klaus Mann: Mephisto". In: Exilforschung. Band 1. München, 1983: S. 322
→ Lutz Winkler

Kesten das „Scenario für eine Gesellschaftssatire"[15], welches tatsächlich wesentliche Elemente des Romankonzepts enthält. Er schlägt vor einen Theaterroman mit einem homosexuellen Karrieristen im Dritten Reich mit Gustaf Gründgens als mögliches Vorbild zu schreiben. Somit ist die Frage der „geistigen Urheberschaft"[16] nicht eindeutig beantwortet. Unumstritten ist jedoch, dass Klaus Mann seine Enttäuschung über angepaßte und nazifizierte Intellektuelle mehrmals äusserte. In seiner Schrifft „Haben die deutschen Interlektuellen versagt?"[17] betitelt er diese als „Verräter" und als „Typus des deutschen Künstlers, der, um des Geldes und um des Ruhmes willen, sein Talent an die blutbefleckte Macht verkaufe..."[18]. Zu diesen Verrätern zählte er auch Gustaf Gründgens, Emil Jannings, Werner Krauss und Hannes Johst[19]. Denn selbst den Exilanten wurde bald deutlich, dass der Nationalsozialismus nicht ausschließlich von einer „dünnen und korrupten (...) Oberschicht getragen wurde"[20], sondern ebenfalls durch Teile Klaus Manns eigener Generation, auch der Intellektuellen, die sich von den neuen Machthabern hatte korrumpieren lassen. Die Beunruhigung und Enttäuschung darüber mag Klaus Mann vielleicht dazu veranlasst haben mit Mephisto „dem Phänomen der Faszination durch die Macht auf die Spur"[21] kommen zu wollen. Dass Gustaf Gründgens zum Vorbild für den Charakter Hendrik Höfgen gedient haben mag, wird beim Vergleich der beiden schnell deutlich. Auch viele andere im *Mephisto* auftauchende Figuren haben lebendige Vorbilder, was bedauerlicherweise dazu führte, dass der Roman lange Zeit ausschließlich als Schlüsselroman disskutiert wurde. „Von Anfang an trägt das Buch den Ruf, einen verbotenen Blick in die Intimsphäre der Betroffenen zu erlauben." kommentiert Pasche[22] diesen Misstand. Gregor Dellin bedauert dies ebenso:

> „Noch dreißig Jahre nach seiner Erstveröffentlichung ergötzte oder empörte sich Schlüsselloch-Voyeurismus mehr darüber, wer mit der Figur Hendrik Höfgen gemeint sein könnte, als dass der Roman als eine Kampfschrift gegen Karrierismus im totalen Staat zu Kenntnis genommen und gewürdigt worden wäre."[23]

Auch wenn die Schlüsselfunktion des Romans unumstritten ist, erschöpft der Text sich nicht darin. Somit soll in dieser Arbeit die Frage ob und inwieweit es sich um

---

[15] Vgl. ebd., S. 322
[16] Vgl. Lutz Winkler, S. 322
[17] Vgl. ebd., S. 323
[18] Vgl. ebd., S. 324
[19] Vgl. ebd., S. 324
[20] Martin Gregor-Dellin: „ Klaus Manns Exilromane". In: Durzak, Manfred (Hsg.): Deutsche Exilliteratur 1933-45. Stuttgart, 1973: S. 459
→ Gregor-Dellin
[21] Vgl. ebd., S. 459
[22] Vgl. Pasche, S. 41
[23] Vgl. Gregor-Dellin, S. 458

einen Schlüsselroman handelt und die damit zusammenhängende Problematik der Publikationsgeschichte ausgeklammert werden. Denn *Mephisto* ist nicht nur als Schlüsselroman zu lesen sondern auch als „Theaterroman aus dem Dritten Reich"[24] und als „Gesellschaftsroman"[25], dessen „gesellschaftskritischer Anspruch"[26] auf die „faschistische Gesellschaft insgesamt"[27] zielt und somit von „kämpferisch politischer" Art ist. Es geht hier um eine „generelle Auseinandersetzung mit der Diktatur in Deutschland"[28], in der „die nationalsozialistische Begeisterung ebenso wie karrierebewußte Anpassung, berechnendes Mitläufertum, grenzenlose Naivität, großbürgerliche Zurückhaltung, blasierter Ekel, bewußter politischen Widerstand"[29] thematisiert werden. Klaus Mann ging es darum aufzuzeigen, dass „der autoritäre Staat für die Durchsetzung seiner Macht auf das Mitwirken seiner Bürger angewiesen"[30] war.

3. Inhaltliche Zusammenfassung

Klaus Manns Roman *Mephisto, Roman einer Karriere* erzählt die Geschichte des Schauspielers Hendrik Höfgen, der 1926 noch eine Provinzgröße am Hamburger Künstlertheater ist, und bis 1936 zum Theaterintendanten des Berliner Staatstheaters im nationalsozialistischen Deutschland aufsteigt.

Der Roman teilt sich in 11 Kapitel auf, wobei mit dem ersten Kapitel „Vorspiel 1936" auf das Ende des Romans vorgegriffen wird. Die Handlung dieses Kapitels findet im Berliner Opernhaus statt, in dem der 43. Gebrtstag des Ministerpräsidenten pompös gefeiert wird. Hier wird schon ein Einblick auf die Machtkonstellation um 1936 gegeben und auf den Höhepunkt Höfgens Karriere, der als Staatstheaterintendant das Wohlwollen und die Anerkennung der Mächtigen des Reiches, des Ministerpräsidenten und des Propagandaministers, genießt. Die Festlichkeiten, zu denen alle diejenigen, die sich zur „Highsociety" des Reiches zählen, zusammengekommen sind, stehen unter dem ständigen Druck der Bespitzelung und des Verrats. Die von Klaus Mann aufgezeigte moralische Verkommenheit des

---

[24] Vgl. Lutz Winkler, S. 326
[25] Vgl. ebd., S. 327
[26] Vgl. ebd., S.327
[27] Vgl.ebd., S. 327
[28] Vgl. Pasche, S. 42
[29] Vgl. ebd., S. 42
[30] Vgl. ebd., S. 42

Systems zeigt sich unter anderem als Höfgen eine Glückwunschrede für den Ministerpräsidenten hält:

> „ Er vermied es aufs sorgsamste, ein wahres Wort zu sagen. Der skalpierte Cäsar, der Reklamechef und die Kuhäugige schienen darüber zu wachen, dass nur Lügen, nichts als Lügen von seinen Lippen käme: eine geheime Verabredung verlangte es so, in diesem Saale wie im ganzen Land."[31]

Der weitere Verlauf des Romans führt zehn Jahre zurück zum Beginn der Romanhandlung. Der Ort des Geschehens des ersten Kapitels „H.K." ist das Hamburger Künstlertheater, an welchem Höfgen engagiert ist und als „Star" gilt. In der Künstlerkantine des Theaters wird ein Einblick in das Theaterleben gegeben und in die Beziehungen der Esemble-Mitglieder untereinander und zu Höfgen. Dieser wird hier als egozentrischer Hysteriker dargestellt, der sich von Weinkrämpfen geschüttelt versteckt, da er den Erfolg anderer Schauspieler (hier Dora Martin) nicht ertragen kann. Andererseits glänzt er im späteren Verlauf des Kapitels als „amüsanter Conferencier"[32], der die „Kollegen mit Anekdoten aus der Zeit seiner Schauspielerausbildung unterhält"[33]. Im zweiten Kapitel „Die Tanzstunde" zeigt sich Höfgen als herrschsüchtiger Tyrann im Umgang mit den Schauspielern während der Theaterproben. Außerdem wird Höfgens geheime Beziehung zu Juliette beschrieben, in der er seinen masochistischen Bedürfnissen Ausdruck verleiht. Bei der Uraufführung des Autors Theophil Marder im Kapitel „Knorke", in der Höfgen mit Nicoletta von Niebuhr in den Hauptrollen spielt, lernt er Barbara kennen. Er verliebt sich in diese und macht ihr nicht zuletzt weil es seiner Karierre förderlich ist einen Antrag. Bei der Hochzeit im Kapitel „Barbara" wird ihm der Kontrast zwischen seinem eigenen kleinbürgerlichen Milieu und der großbürgerlichen vollkommenen Kultur der Familie Bruckner deutlich, wodurch er sich deplaziert fühlt, er sich aber auch der Vorteile dieser Verbindung für seinen gesellschaftlichen Aufstieg und einen Karrieresprung bewußt wird. Nachdem „Der Ehemann" sein Ziel erreicht hatte, erweist er sich als impotent und verwandelt seine Schuldgefühle gegenüber der enttäuschten Barbara in Aggressionen. Er kränkt Barbara und bertrügt sie mit Juliette. Höfgen gilt mitlerweile als unumstrittener Star des Hamburger Theaters, und bastelt weiter an seiner Karriere. Er lässt seine durch die Verbindung mit Barbara entstandenen Beziehungen im sechsten Kapitel „Es ist doch nicht zu schildern..."

---

[31] Klaus Mann: Mephisto, Roman einer Karriere". Hamburg, 1981. 2. Auflage 2001: S. 27
→ Mephisto
[32] Vgl. Pasche, S. 21
[33] Vgl. Pasche, S. 21

spielen um ein Engagement in Berlin zu bekommen. Durch die neue Herausforderung läuft er zur Höchstform auf, was ihm das begeisterte Berliner Publikum bestätigt. Er beginnt nun auch eine Filmkarriere und feiert am Theater seinen größten Erfolg in der Rolle des Mephistopheles in Goethes Faust. Sein Aufstieg fällt in die letzten Jahre der Weimarer Republik, die unter anderem gezeichnet sind von der Not der Arbeitslosen und der Brutalität der SA. „An seiner Welt von Theatern, Filmstudios, Nachtlokalen gehen die politischen Auseinandersetzungen vorbei.“[34] Er rechnet nicht im geringsten damit, dass die Nationalsozialisten an die Macht kommen könnten und ist der Meinung, dass die politische Entwicklung seine Erfolge nicht tangiert. Als die Nationalsozialisten an die Macht kommen und Hitler Reichskanzler wird, befindet Höfgen sich bei Drehaufnahmen in Spanien. Er zögert nach Deutschland zurückzukehren seiner Kontakte zu kommunistischen Künstlern wegen und aus Furcht vor den Gegnern, die er sich unter den Nationalsozialisten gemacht hatte. Er beschliesst vorerst nach Paris zu reisen und beschäftigt sich mit dem Gedanken im Exil zu bleiben, womit er sich dennoch nicht wirklich anfreunden kann. Von einer ehemaligen Schauspielerkollegin, die ihm aus Deutschland brieflich mitteilt, dass er unter der Protektion der Schauspielerin und Freundin des Ministerpräsidenten Lotte Lindenthal stehe, wird er zurück nach Berlin gerufen. Durch diese Fürsprache der bis dahin relativ unbekannten Schauspielerin Lotte Lindenthal, kann Höfgen seine Karriere im nationalsozialistischen Berlin am Staatstheater fortsetzen. Dort spielt er an Lottes Seite erneut den Mephisto, der den bei der Premiere anwesenden Ministerpräsidenten derart begeistert, dass er ihm in der Pause persönlich gratuliert. „Der Pakt mit dem Teufel“ wird in der Theaterloge des Ministerpräsidenten vollzogen, und für alle im Pakett sieht es so aus, „als wolle der Mächtige einen Bund schließen mit dem Komödianten“[35]. Im achten Kapitel „Über Leichen“ wird die Entwicklung der Beziehung zwischen Höfgen, der Lotte Lindenthal und dem Ministerpräsidenten, welche an Intesivität zunimmt und bis hin zu Freundschaft wird, beschrieben. Höfgen beichtet dem Ministerpräsidenten seine kommunistischen Sympathien der vergangene Jahre und ebenso seine Beziehung zu Juliette, die er sich nun nicht mehr leisten kann. Außerdem lässt er sich von Barbara scheiden, die sich schon längst im französischem Exil befand und dort eine antifaschistische Zeitung herausgab. Mit anderen Worten nutzt Höfgen seine neuen Beziehungen um mit den Teilen seiner Vergangenheit reinen Tisch zu machen, die den Nationalsozialisten ein

[34] Vgl. Pasche, S. 29
[35] Vgl. Mephisto, S. 232

Dorn im Auge sind, und um seiner neue Stellung Festigkeit zu verleihen. „In vielen Städten" beschreibt zum einen Höfgens Erfolge in Berlin und im Gegensatz dazu die Tätigkeiten aller seiner ehemaligen Freunde und Kollegen die ausgewandert sind und sich im Ausland neue Existenzen aufbauen mussten. Nicoletta kehrt nach Berlin zurück, um an Höfgens Seite im Staatstheater erneut Karriere zu machen. Höfgen steigt durch die Gunst des Ministerpräsidenten zum Intendanten auf und befindet sich nunmehr an der Spitze seiner Karriere. Um erneute Gerüchte über seine Liebschaft mit der ´Mulattin´ Juliette aus dem Weg zu räumen, beschliesst er Nicoletta zu heiraten. Das letzte Kapitel „Die Drohung" endet mit dem Auftauchen eines kommunistischen Widerstandskämpfers an Höfgens Arbeitszimmerfenster. Dieser überbringt Höfgen die letzten Grüße seines ermordeten Parteigenossen Otto Ulrichs, welchem Höfgen vor der Machtergreifung der Nationalsozialisten politische Sympatie heuchelte. Der aufgetauchte Widerstandskämpfer verkündet Höfgen von der „Unversöhnlichkeit" der Opfer und betont: „Wir vergessen keinen. Wir wissen, welche wir als erste aufzuhängen haben."[36], womit er auf Höfgens Verrat anspielt.

3.2. Sprache und Stil

Der Roman den Klaus Mann selbst als „Zeitsatire großen Stils"[37] beschreibt, lebt von satirischen Sprachmitteln und Kontrasten, welches nicht zuletzt von der Künstlerthematik unterstrichen wird. Die vom Autor geschaffene Analogie zwischen faschistischer Diktatur und Theaterinszenierung wird im Manuskript des Romans in einer später gestrichenen Passage deutlich:

> „Sollten wirklich unüberwindbare Gegensätze bestehen zwischen diesen Komödianten, die wirkliche Verbrechen begingen, und dem anderen, der die Verbrechen nur spielte? Gehörten sie nicht im Grunde zu einer Familie?"[38] (Lutz)

Klaus Mann „greift dabei auf ein Deutungsmuster zurück, das unter den deutschen Emigranten weit verbreitet"[39] war, und auch sonst in der antifaschistischen Literatur und im Film aufgegriffen wurde. Als Beispiele hierfür nennt Pasche[40] unter anderen Lion Feuchtwangers *Der falsche Nero*, Heinrich Manns *Lidice* oder Charlie Chaplins *Der große Diktator*.

---

[36] Vgl. Mephisto, S. 340
[37] Vgl. Spangenberg, S. 92
[38] Vgl. Lutz Winkler, S. 328
[39] Vgl. Pasche, S. 39
[40] Vgl. ebd., S. 40

Klaus Mann schrieb im Wendepunkt „der Komödiant wird zum Exponenten, zum Symbol eines durchaus komödiantischen, zutiefst unwahren, unwirklichen Regiemes. Der Mime triumphiert im Staat der Lügner und Versteller"[41]. Er stellt das Komödiantische als negative Lebensform dar, welche zum Modell faschistischer Herrschaft und Machtausübung wird. „Der Teufelspakt, den Höfgen mit dem Faschismus eingeht, ist ein Pakt unter Komödianten."[42]. Die Affinität des Faschismus zum Theatralischen und Komödiantischen zeigt sich einerseits durch die Erscheinungen der Repräsentanten des Faschismus, und zum anderen in der Art und Weise wie sich die faschistische Öffentlichkeit darstellt. Klaus Mann läßt die Repräsentanten des Faschismus als „Schauspieler-Politiker"[43] auftreten. „der Dicke", „der Hinkende", der Diktator" und „der Schnautzbärtige". Sie entsprechen einem gängigen Rollenklischee in ihrer Lächerlichkeit und ihrem intrigantem Verhalten[44]. Die faschistische Öffentlichkeit präsentiert sich „als theatralische Inszenierung des gesellschaftlichen Zentrums".[45] Hier wird das Zentrum der Gesellschaft abnorm und das Komödiantische wird zum Charakteritikum der faschistischen Unterwelt, in welche sich die gesamte Gesellschaft transformiert hat.[46]

Durch die auktoriale Erzählperspektive des Romans wird dem Leser die moralische Bewertung der Charaktere und der Handlungsstränge vorgegeben. Dem Leser wird keine Möglichkeit der selbstständigen Beurteilung gegeben, sondern er wird mit dem wertenden Blick des Erzählers durch den Roman geführt, wodurch die Satire ihre Eindeutigkeit erhält.[47]

Das Hauptmittel der Satire im *Mephiso* ist der Kontrast. Es ergibt sich für den Leser die Notwendigkeit zu vergleichen und zu differenzieren zwischen dem was die auftretenden Personen sagen, wie sie beschrieben werden und wie sie handeln. Der Leser soll vergleichen, ob Anspruch und Wirklichkeit zusammenpassen und wird dabei immer wieder auf Widersprüche gestoßen, was im folgenden an einigen Beispielen dargelegt werden soll[48].

„Man erzählte sich bewundernd von ihr,dass sie sich gelegentlich bei ihrem Gatten für Juden aus der guten Gesellschaft einsetzte- die Juden kamen trozdem ins Konzentrationslager. Man

---

[41] Vgl. Wendepunkt, S. 384
[42] Vgl. Lutz Winkler, S. 328
[43] Vgl. Pasche, S. 63
[44] Vgl. ebd., S. 63
[45] Vgl. Lutz Winkler, S. 328
[46] Vgl. ebd., S. 328
[47] Vgl. Pasche, S. 67
[48] Vgl. ebd., S. 64

nannte sie den guten Engel des Ministerpräsidenten; indessen war der Fürchterliche nicht milder geworden, seitdem sie ihn beriet."[49]

Hier werden deutlich die angeblichen Fähigkeiten der Lotte Lindenthal beschrieben und mit ihrem tatsächlichen Einfluss kontrastiert.

„der Messias aller Germanen" (....) „Das Antlitz der Macht war grau-weiß, aufgeschwemmt, von einer lockeren porösen Substanz. Die Macht hatte eine sehr ordinäre Nase..."[50]

„Der Gottgesante", „der Messias aller Germanen"- (...) dozierte die Macht, indem sie ihre süddeutsche Mundart nach Möglivchkeit zu unterdrücken versuchte, dass aus ihrem Mund wie aus dem eines eifrigen Volksschülers, der auswendig Gelerntes herleiert".[51]

Der Führer wird einerseits auf eine göttliche Ebene beschrieben, welches dann wieder durch sein Handeln und seiner Wirkung profaniert wird. Diese Sakralisierung und dann Profanierung wird bei der Person Hitler, aber auch bei den „Halbgöttern" (Ministerpräsident und Propagandapräsident) mehrfach deutlich.

Außerdem arbeitet Klaus Mann mit „satirischen Entsprechungen", indem er widersprüchliches parallel schaltet[52]:

„Lotte war eine Provinzschauspielerin gewesen und galt als herzensgute, schlichte, urdeutsche Frau. An ihrem Hochzeitstage hatte der Märchenprinz zwei Proleten hinrichten lassen."[53]

„In ihrer Gegenwart wurden die schauerlichen Geheimnisse des totalen Staates besprochen: sie lächelte mütterlich."[54]

Auffallend im Gegensatz dazu ist, dass sämtliche Personen, die den antifaschistischen Widerstand - sowohl im Exil als auch innerhalb Deutschlands - verkörpern, frei von satirischer Gestaltung bleiben.[55] Im Folgenden sollen einige Beispiele für die mit positiven Charakteristika beschriebenen Repräsentanten des antifaschistischen Widerstands gezeigt werden:

„Er (Otto Ulrichs) sprach mit einer angenehmen, dunklen und warmen Stimme. Während er redete, schaute Kroge mit einer väterlichen Sympatie auf sein intelligentes, kraftvolles Gesicht. Otto Ulrichs war ein gutaussehender Mann. Seine hohe, freundliche Stirn, von der das schwarze Haar weit zurückwich, und die engen, dunkelbraunen, gescheiten und lustigen Augen flösten Vertrauen ein."[56]

[49] Vgl. Mephisto, S. 25
[50] Vgl. Mephisto, S. 357
[51] Vgl. ebd., S. 358
[52] Vgl. Pasche, S. 65
[53] Vgl. Mephisto, S. 15
[54] Vgl. ebd., S. 25
[55] Vgl. Pasche, S. 65
[56] Vgl. Mephisto, S. 39

Während Otto Ulrichs mit einer Fülle von positiven Adjektiven beschrieben wird, finden sich in der Beschreibung von Barbara Bruckner „zahlreiche Kostbarkeitsmetaphern"[57]:

> „Das empfindliche und genau geschnittene Oval ihres Gesichts war blaß; Hals und Arme waren bräunlich getönt, golden schimmernd, von der reifen und zarten Farbe sehr edler, in einem langen Sommer duftend gewordener Äpfel. Hendrik mußte angestrengt darüber nachdenken, woran ihn diese kostbare Farbe, von der er noch betroffener war als von Barbaras Antlitz, erinnerte. Ihm fielen Frauenbilder Leonardor ein (...)"[58]

> „Ihre (Barbara Bruckner) Stimme war für das Ohr der nämliche Genuß wie die Farbe ihrer Haut für das Auge. Auch ihre Stimme schien gesättigt von reifem und zartem Ton. Auch sie schimmerte, hatte den kostbar nachgedrungenen Glanz."[59]

Barbara Bruckner, welche im französischem Exil eine antifaschistische Zeitung herausgibt, und Otto Ulrichs, der in Deutschland im Untergrund an dem antifaschistischem Widerstand arbeitet, verkörpern das Ideal von Künstlern und Intellektuellen, die für das moraliche Verantwortungsbewußtsein des Individuums stehen. Klaus Mann skizziert hier zwei Gegenwelten, die mit Gut und Böse gleichzusetzen sind.[60] Durch die mit stets positiven Attributen beschriebenen Antifaschisten und satirisch gezeichneten Nationalsozialisten, legt er seinen politischen Standpunkt deutlich fest und gibt dem Roman seinen politisch-kämpferischen Charakter.[61]

4. Hendrik Höfgen als Prototyp eines Opportunisten, eines Kollaborateurs des Faschismus

Im Wendepunkt zitiert Klaus Mann die Rezension des befreundeten Hermann Kesten aus dem Pariser Emigrantenblatt „Das Neue Tage-Buch" und bestätigt diese zustimmend: „Genau dieser Typus war es, den ich zeichnen wollte. Ich hätte meine Intention selber nicht besser zu formulieren vermocht."[62]

> „..., er (der Autor) zeichnet den Typus des Mitläufers, einen aus der Million von kleinsten Mitschuldigen, die nicht die großen Verbrechen begehen, aber vom Brot der Mörder essen, nicht Schuldige sind, aber schuldig werden; nicht töten, aber zum Totschlag schweigen, über ihre Verdienste hinaus verdienen wollen und die Füße der Mächtigen lecken, auch wenn diese Füße im Blut der Unschuldigen waten. Diese Million von kleinen Mitschuldigen haben „Blut geleckt". Darum bilden diese die Stütze der Machthaber."[63]

---

[57] Vgl. Pasche, S. 68
[58] Vgl. Mephisto, S. 97
[59] Vgl. ebd., S. 98
[60] Vgl. Pasche, S. 65
[61] Vgl. ebd., S. 42
[62] Vgl. Wendepunkt, S. 384
[63] Vgl. ebd., S. 384

Doch trotz Zustimmung des Autors scheint sich die Zeichnung des Charakters Höfgen nicht ausschließlich darin zu erschöpfen. Vielmehr als „Mitläufertypus des Kleinbürgertums" steht der Charakter Höfgens für „den Verrat der deutschen Intellektuellen am Geist."[64] In ihm werden „charakterliche Schwäche und hellsichtiger Intellekt"[65] vereint und der „Ursprung der Unmenschlichkeit aus dem ungehemmten Willen zum Erfolg"[66] gezeigt. In den folgenden Abschnitten soll es nun darum gehen die Charakterschwächen Höfgens aufzuzeigen als Ursprung für sein Karrieresüchtiges Verhalten, seine Entwicklung zum Opportunisten und sein Verrat an die Moral es Künstlers.

4.1. Sozialpsychologische Deutungsmuster: Höfgens als Charakter mit Ich-Schwäche

> „Den Schauspieler, den ich hier präsentiere, hat zwar Talent, sonst aber nicht viel, was für ihn spräche. Besonders fehlt es ihm an den sittlichen Eigenschaften, die man meist unter dem Begriff „Charakter" zusammenfasst. Statt des „Charakters" gibt es bei diesem Hendrik Höfgen nur Ehrgeiz, Eitelkeit, Ruhmsucht, Wirkungstrieb. Er ist kein Mensch, nur ein Komödiant."[67]

4.1.1. Inferioritätskomplexe

Hendrik Höfgen wird als ein mit Minderwertigkeitskomplexen beladener Mensch beschrieben, der sich seiner Herkunft aus dem kleinbürgerlichen Milieu Kölns schämt. Hendriks Mutter Frau Bella wird als ungebildete aber großspurig auftretende Person dargestellt, deren er sich manchmal schämte denn „sie war ihm nicht fein genug, ihre Kleinbürgerlichkeit schien ihm blamabel."[68] Seine Schwester Josy wird zudem noch durch ihre äußerste Naivität charakterisiert, welche sie „mindestens jedes halbe Jahr einmal"[69] zu einer neuen Verlobung treibt, wobei sie jedes Mal der Ansicht ist es sei der Mann füs Leben.

Besonders deutlich wird diese soziale Diskrepanz bei der Hochzeit Höfgens mit Barbara in der Villa Bruckner, wo die Familie des Schauspielers auf die gutsituierte und gebildete Familie Bruckner trifft.

> „Mit quälender Peinlichkeit kam ihm (Höfgen) der Gedanke, dass er in diesen Räumen und bei diesem Vater (Herr Bruckner) seine Mutter Bella und seine Schwester Josy morgen einführen müsse. Wie leidvoll schämte er sich, jetzt schon, ihrer Kleinbürgerlichkeit."[70]

---

[64] Dieter Schiller: „Antifaschistischer Kampf als moralisches Zentrum". In: Weimarer Beiträge. 34. 1988: S. 252
→ Schiller
[65] Vgl. ebd., S. 252
[66] Vgl. ebd., S. 252
[67] Vgl. Wendepunkt, S. 384
[68] Vgl. Mephisto, S. 121
[69] Vgl. ebd., S. 120
[70] Vgl. ebd., S. 116

„Denn in Köln, bei Vater Köbes (...) hatte es keinen Park gegeben, keinen Raum mit
Teppichen, Bibliothek und Gemälden; vielmehr muffige Stuben, in denen Bella und Josy
munteres Treiben entfalteten, wenn sich Gäste einfanden, jedoch mißgelaunt und schlampig
wurden, wenn die Familie unter sich blieb. Vater Köbes hatte immer Schulden und klagte
über die Gemeinheit der Welt, wenn die Gläubiger ihn drängten. Noch peinlicher als seine
schlechte Laune war die „Gemütlichkit", zu der er sich bisweilen, an hohen Feiertagen oder
auch ohne besonderen Anlaß, plötzlich entschloß. (...) ; er (Hendrik) saß fahl und verbissen in
einer Ecke. Sein einziger Gedanke war immer gewesen: Ich muß hinauskommen aus diesem
Milieu. Ich muß dies alles weit weit hinter mir lassen..." [71]

Dank seines schauspielerischen Talents konnte Höfgen sein Ziel, dieses Milieu zu
verlassen, erreichen. Doch seine durch die Härte und „Einsamkeit seiner Jugend"[72]
entstandenen Minderwertigkeitskomplexe prägen seine gesammte weitere Karriere
und sind sogar der Antrieb dafür.

„Höfgen wagte sich beinah nie an den Stammtisch der Arbeiter; er fürchtete, die Männer
würden über sein Monokel lachen"[73]

Denn immer wieder wird deutlich, dass Höfgen seinen Mangel an Selbstwertgefühl
mit Bestätigung durch andere kompensieren muß, bis hin zur Ruhmsucht. Als im
ersten Kapitel „H.K." die Berliner Schauspielerin Dora Martin im Hamburger
Künstlertheater gastiert, versteckt Höfgen sich „vor lauter Hysterie"[74] hinter einem
Paravent und wird von Weinkrämpfen geschüttelt, denn „Er ist immer furchtbar
aufgeregt und eifersüchtig, wenn Berliner Gäste da sind."[75] Als Höfgen anschließend
auf Dora Martin trifft, wird sein Auftreten nervös und unsicher beschrieben:

„Sein Atem flog; Wangen und Stirn waren hektisch gerötet. Einen recht beunruhignden
Eindruck machte das nervöse Lachen, das ihn schüttelte (...)." [76]

Doch als Dora Martin bemerkt „Sie sollen ja so begabt sein.", taut Höfgen etwas auf
und seine Stimme wird plötzlich „schmelzend" und sein Lächeln wird „aasig".[77] Zum
Höhepunkt kommt diese Metamorphose als Dora Martin sich mit den Worten „Sie
werden es schon noch beweisen, Ihr Talent!"[78] verabschiedet und Höfgen plötzlich in
„geradezu festlicher Laune" in die Kantine tritt und den weiteren Abend die
gesammten Kollegen mit „Witz, Charme und Anekdotenschatz"[79] bezaubert.
Geradezu ironisch wird bemerkt, dass die Begegnung mit Dora Martin ihn „auf
wunderbare Art" aufgeheitert hatte. Dass Höfgen erst durch Bestätigung zu

---

[71] Vgl. Mephisto, S. 128
[72] Vgl. ebd., S. 111
[73] Vgl. ebd., S. 42
[74] Vgl. ebd., S. 33
[75] Vgl. ebd., S. 33
[76] Vgl. ebd., S. 49
[77] Vgl. ebd., S. 49
[78] Vgl. ebd., S. 49
[79] Vgl. ebd., S.55

Selbstvertrauen und dann zu seinem einnehmenden Wesen gelangt, wird auch bei der Bekanntschaft mit Herrn Bruckner deutlich. Höfgen wirkt beim ersten Zusammentreffen der beiden nervös, verkrampft und verwirrt:

> „Ehe er (Höfgen) sich zu einer feierlichen Miene entschloß, lachte er noch ein wenig, sinnlos und auf jene geschüttelte Art, die er bei der Begrüßung der Dora Martin im „H.K." gehabt hatte."[80]

Doch als die Atmosphäre sich dann beim Kaffetrinken lockert und es heißt „Der Schwiegersohn schien ihm (Herrn Bruckner) nicht ganz übel zu gefallen."[81], glaubt Höfgen zu spüren, „dass er Erfolgschancen hatte." und „Um so gefallssüchtiger wurde er."[82]

Höfgens Ehrgeiz, Eitelkeit, Ruhmsucht und Wirkungstrieb sind folglich in seinen Inferioritätskomplexen begründet.

4.1.2 Sadomasochistisches Sexualverhalten

Eine weitere psychologische Deutung für Höfgens Charakterstruktur liegt in seiner sado-masochistischen Neigung begründet. Zu Beginn des zweiten Kapitels werden die Theaterproben zu „Frühlings Erwachen", welche Höfgen als Regiseur leitet, beschrieben. Er tritt als absoluter Diktator auf , zeigt dem eingeschüchterten Ensemble „das Antlitz eines edlen und nervösen Tyrannen"[83], befiehlt mit einer „hellen, durchdringenden und etwas klirrenden Komandostimme"[84] und „Keiner blieb verschont von seinen höhnischen herabsetzenden Worten."[85] Seinen Höhepunkt erreicht Höfgens Verhalten mit dem Satz: „Da alle litten, wurde Hendrik zusehends besserer Laune."[86] Im Gegensatz dazu wird er in der Beziehung zu Juliette Martens als „Underdog" beschrieben, der sich durch einen „Unterwerfungsgestus"[87] nicht nur seine erotischen Wünsche erfüllt, sondern sich dadurch auch von seelischen Konflikten und inneren Spannungen befreit. Die masochistische Beziehung zu Juliette wird dadurch gekennzeichnet, dass diese als Höfgens dominante Tanzlehrerin mit grünen Lackstiefeln und roter Lederpeitsche auftritt. Höfgens Unterwürfigkeit in dem festgelegten Ritual der Tanzstunde wird einerseits durch seine „unwürdige(n) Tracht,

---

[80] Vgl. Mephisto, S. 115
[81] Vgl. Mephisto, S. 117
[82] Vgl. ebd., S. 117
[83] Vgl. ebd., S. 61
[84] Vgl. ebd., S. 60
[85] Vgl. ebd., S. 61
[86] Vgl. ebd., S. 61
[87] Vgl. Pasche, S. 53

die er seinen „Trainingsanzug" nannte"[88] gezeigt, andererseits durch Juliettes Verhalten, die ihn mit der Peitsche zum Bewegen zwingt und sich mit Beschimpfungen über ihn lustig macht. „Nur unter Qualen schien er jetzt die Füße zu setzen - freilich unter Qualen, die auch Wonne waren"[89] beschreibt die „schauerliche Lustbarkeit"[90] des Rituals. Dass die Erniedrigung nicht nur der Befriedigung Höfgens erotischen Wünsche als „echtes sexuelles Bedürfnis"[91] dient, wird deutlich als Höfgen seiner „Prinzessin Tebab" darlegt, dass er nur bei ihr seine Kraft hohle: „das ist wie eine Wunderkur für mich...etwas Herrliches, eine Erfrischung ganz ohnegleichen..."[92] Die geheime Beziehung zu Juliette, welche Höfgen auch während seiner Ehe mit Barbara fortführt, „setzt künstlerische Energien frei und ermöglicht damit eine Identitätsbildung, die außerhalb der „Turnstunden" nicht möglich ist.".[93] Nur in Gegenwart seiner „schwarzen Venus" kann er den Komödianten ablegen und sich so geben wie er ist oder wie er möchte:

> „Was er der diskret-forschenden, eifersüchtig-gespannten Neugierde seiner Freundin Hadda von Herzfeld, was er dem kameradschaftlichen Interesse des Gesinnungsgenossen Otto Ulrichs verschwieg, das gestand er seiner Schwarzen Venus, die ihn „Heinz" nennen durfte: ihr beichtete er, was er um Barbara litt. Ihr, und nur ihr gegenüber zwang er sich zur Aufrichtigkeit. Er verheimlichte nichts, auch nicht die eigene Schande."[94]

Durch das ehrliche Bedürfnis Höfgens vor seiner Geliebten, wird erst richtig deutlich, dass er außerhalb der Beziehung stets der Situation entsprechend in eine Rolle schlüpft und agiert. Einen Hinweis darauf, erfährt der Leser bereits im ersten Kapitel als Kroge bemerkt:

> „Überhaupt ist Höfgen ein grundalberner Mensch. Alles an ihm ist falsch, von seinem literarischen Geschmack bis hin zu seinem sogannanten Kommunismus. Er ist kein Künstler, sondern ein Komödiant."[95]

4.2. Entwicklung zum Oppotunisten vor der Machtergreifung

> „Private Schwächen werden in der praefaschistischen Krisensituation zu politischen Untugenden, Gleichgültigkeit wird unumstreidbar von politischer Verantwortungslosigkeit, im unpolitischen Karrieristen bereitet sich schon der opportunistische Mitläufer vor."[96]

[88] Vgl. Mephisto, S. 75
[89] Vgl. Mephisto, S. 76
[90] Vgl. ebd., S. 77
[91] Vgl. Pasche, S. 53
[92] Vgl. Mephisto, S. 81
[93] Vgl. Pasche, S. 53
[94] Vgl. Mephisto, S. 158
[95] Vgl. ebd., S. 32
[96] Vgl. Winkler, S. 56

Hendrik Höfgen wird als „brillianter Selbstdarsteller" gezeigt, der stets den jeweiligen Anforderungen einer Rolle oder einer Lebenssituation seine facettenreiche Persönlichkeit zum Ausdruck bringen kann. So tritt „er charmant, nervös, kokett, bescheiden bis zur Unterwürfigkeit, souverän, arrogant, schurkisch oder liebenswürdig"[97] auf, wobei der Unterschied zwischen Bühne und Alltag verschwimmt. „Es ist die Vielfalt seiner Leistungen, die seinen Ruhm ausmacht und immer wieder erneuert."[98] Er kalkuliert sein Verhalten raffiniert dem jeweiligen Adressaten gegenüber. Dies wird zum einen deutlich in den Diskusionen um das „Revolutionäre Theater", welches Höfgen vor dem Freund Otto Ulrichs vorgibt inszenieren zu wollen, aber immer wieder aufschiebt es in die Tat umzusetzen.

> „Höfgen wird immer im letzten Augenblick verhindert ein, wenn es sich um Angelegenheiten handelt, die bedenklich für seine Karriere werden könnten."[99]

Diese Bemerkung Kroges gibt dem Leser schon den richtigen Hinweis auf Höfgens Verhalten, denn an späterer Stelle heißt es „seine revolutionäre Taktik bestehe darin, dass er täglich neue Ausflüchte ersann, um mit den Proben für das Revolutionäre Theater nicht beginnen zu müssen."[100] Als er in Berlin auf dem Höhepunk seiner Karriere ist, pflegt er weiterhin Kontakte zu „kommunistischen oder halb-kommunistischen Kreisen"[101] und bewirtet Parteifunktionäre und Schritsteller in seiner Wohnung:

> „Umgang mit den Revolutionären pflegt er nicht nur, weil er meint, diese könnten doch vielleicht einmal an die Macht kommen, und dann würden alle Dinners sich reichlich bezahlt machen; sondern auch zur Beruhigung des eigenen Gewissens."[102]

An dieser Stelle wird deutlich, dass Höfgen seine politischen Verbindungen nicht aus eigener Überzeugung betreibt, sondern um Vorteile für sich und seine Karriere bei eventueller Machtergreifung dieser herauszuschlagen. Als er dann beschließt „in eigener Person auf der engen Bühne des „Sturmvogels" zu erscheinen",[103] geschieht auch dies nicht aus Überzeugung für die politische Sache, sondern weil „Hendrik glaubte es sich leisten zu können".[104] Auch die Verbindung mit Barbara Bruckner wird von Anfang an als Karrierevorteil für Hendrik beschrieben, indem Nicoletta ihn darauf aufmerksam macht:

---

[97] Vgl. Pasche, S. 50
[98] Vgl. Mephisto, S. 213
[99] Vgl. ebd., S. 40
[100] Vgl. ebd., S. 165
[101] Vgl. ebd., S. 215
[102] Vgl. ebd., S. 215
[103] Vgl. ebd., S. 216
[104] Vgl. ebd., S. 216

„...Übrigens wird es auch für deine Karriere günstig sein; der alte Bruckner hat Einfluß."
Auch hieran hatte Hendrik schon gedacht. Der Rausch seiner Verliebtheit, der anhielt – oder
von dem er doch gern glauben wollte, dass er dauerhaft sei-, vermochte Erwägungen kühlerer
Art nicht ganz zu verdrängen."[105]

Höfgens Rechnung geht auf, als er unter anderem seine Beziehungen zu Herrn
Bruckner spielen lässt, um ein Engagement am Berliner Theater zu bekommen. Ihm
fehlt jegliche „innere Identität, aus der er Wertkategorien gewinnen könnte".[106] So
kann er zum Beispiel nicht nachvollziehen, dass Nicoletta von Niebur ihre Karriere
aus Liebe zu Theophil Marder aufgibt:

„Wie, es gab Leidenschaften, die den Menschen so gewaltig ergriffen, dass man für sie eine
Karriere hinwarf, die eben vielversprechend begann? Hendriks Phantasie war nicht dazu
imstande, sich Gefühle vorzustellen, denen sein Herz kaum gewachsen gewesen wäre. Die
Passionen, auf die er sich einließ, pflegten Konsequenzen zu haben, die seiner Karriere eher
zuträglich waren; keinesfalls wurde ihnen gestattet, diese zu gefährden oder gar zu zerstören."
[107]

Hendrik Höfgen besitzt kein „Lebenszentrum", ganz im Gegensatz zu seinen
Freunden und Kollegen. Nicolettas Lebenszentrum ist die Liebe zu Theophil Marder,
Otto Ulrichs ist mit seinem politischem Kampf erfüllt und wartet sehnsüchtig auf
„den Tag"[108], ebenso Ulrichs politischer Gegner Hans Miklas, der auf denTag der
Machtergreifung der Nazis wartet. „Auf welchen Tag aber wartet Hendrik Höfgen?
Er wartet immer nur auf die neue Rolle."[109] Vom politischem Geschehen in
Deutschland merkt er nichts. Während im sechsten Kapitel die politischen Ereignisse
beschrieben werden -„Ministerien stürzen, werden neu gebildet", Großgrundbesitzer
intrigieren gegen eine „zitternde Republik", „Demokraten schwören der Feind steht
links" und „Polizeipräsidenten, die sich sozialistisch nennen, lassen auf Arbeiter
schießen"[110], geht es bei Höfgen nur um seinen Erfolg und Aufstieg.

„Hendrik Höfgen (...) sieht nichts, hört nichts, merkt nichts. (...) er kennt nichts als Bühnen,
Filmateliers, Garderoben, ein paar Nachtlokale, ein paar Festsäle und versnobte Salons.(...)
immer im Zustand höchster hysterischer Spannung genießt und erleidet der Schauspieler
Höfgen ein Schicksal, das ihm außerordentlich scheint und das doch nichts ist als die vulgäre,
schillernde Arabeske am Rande eines todgeweihten, dem Geist entfremdeten, der Katastrophe
entgegentreibenden Betriebes."[111]

---

[105] Vgl. ebd., S. 108
[106] Vgl. Pasche, S. 51
[107] Vgl. Mephisto, S. 147-148
[108] Vgl. ebd., S. 219
[109] Vgl. ebd., S. 220
[110] Vgl. ebd., S. 211
[111] Vgl. ebd., S. 217

Er setzt sein Talent ein ohne „jede moralische oder politische Fundierung"[112], nur um anzukommen und seine Karriere anzutreiben. An seiner Rolle als Mephisto wird deutlich, dass er auch seine künstlerische Interpretation nach dem „Maßstab der jeweils herrschenden politischen oder gesellschaftlichen Standart"[113] ausrichtet. Hier wird der Verrat „des Künstlers an den Komödianten, der Kunst an die Macht"[114] deutlich. In der ersten Faust Aufführung in den zwanziger Jahren spielt er einen unglücklichen, zur Einsamkeit verdammten Mephisto, der Zweifler und Skeptiker ist. Damit interpretiert Höfgen den Mephisto als auf der Seite der Unterdrückten stehenden, während er in der Faust Inszenierung im Dritten Reich sich als „durchtrieben anmutige(r), ruchlos charmente(r)"[115] Mephisto präsentiert. Er zeigt sich hier nun nicht mehr als der unter der Macht leidende Mephisto, sondern als werbender Verführer der Macht.

4.3. Der Opportunist im Dritten Reich

Die Machtergreifung der Nationalsozialisten nimmt Höfgen als eine „scheußliche Überraschung"[116] auf.

> „Dem armen Hendrik wurde es heiß und kalt, wenn er bedachte, was ihm nun bevorstehen mochte. Zahlreiche Personen, denen er immer nur Böses angetan, würden jetzt vielleicht die Möglichkeit haben, sich an ihm zu rächen. (...) Was für unverzeihliche Fehler hatte man gemacht"[117]

Er erwägt aus diesem Dilemma heraus ins Exil zu gehen, fragt sich aber gleichzeitig schon was er denn zu befürchten hätte:

> „Er gehörte keiner Partei an, er war kein Jude. Vor allem dieser Umstand – dass er kein Jude war – erschien Hendrik mit einemmal ungeheuer tröstlich und bedeutungsvoll. (...) Er war ein blonder Rheinländer."[118]

Mit diesen Überlegungen wird schon deutlich, dass er bereit ist sein schauspielerisches Talent an die neuen Machthaber zu verkaufen, um seine Karriere fortzusetzen. Seine Erwägungen ins Exil zu gehen sind somit von Anfang an nicht von ernstem Charakter. Als er wieder nach Berlin kehrt, wird ihm schnell deutlich, dass er ohne die Protektion des Ministerpräsidenten keine Chance habe. Denn der neue Theaterintendant ist ein früherer Kollege Höfgens, den er sich zum Feind

---

[112] Vgl. Pasche, S. 51
[113] Vgl. ebd., S. 51
[114] Vgl Lutz Winkler, S. 327
[115] Vgl. Mephisto, S. 258
[116] Vgl. ebd., S. 226
[117] Vgl. ebd., S. 228
[118] Vgl. ebd., S. 228

gemacht hatte und der nun auf Grund des Wohlwollens vom Propagandaministers auf diesem Posten steht. Somit kommen Höfgens taktische Überlegungen schnell zu dem Schluß: „Der Weg zum Ministerpräsidenten ging über die Schauspielerin. Hendrik mußte Lotte Lindenthal gewinnen." und „Lotte Lindenthal muß mich lieben."[119] So hatte Höfgen zuvor vor seiner Frau Barbara noch gewettert: „Alle Nazis sind Lumpen. Man beschmutzt sich, wenn man sich abgibt mit einem von ihnen."[120], und nun verführte er die Macht[121] durch sein Einschmeicheln bei der Freundin des Ministerpräsidenten. Dass es sich hierbei um ein heuchlerisches Einschmeicheln ausschließlich seinem gesellschaftlichen und schauspielerischen Aufstieg dienlich handelt, wird deutlich wenn er sie mit verführerischen Blicken umschmeichelt und mit respektvoller Distanz umwirbt, gleichzeit aber denkt:

> „'Warum – um Gottes willen, warum hat sich der Ministerpräsident, der doch jede haben könnte, gerade die ausgesucht? Sie mag ja eine ganz brave Person und vortreffliche Hausfrau sein, aber sie ist doch schrecklich dick, und dabei so lächerlich affektiert. Eine schlechte Schauspielerin ist sie übrigens auch...' Auf den Proben hatte er zuweilen große Lust, die Lindenthal anzuschreien."[122]

Schon hier, vor dem eigentlichen „Teufelspakt", lässt sich erkennen, das Höfgen seine schauspielerischen Fähigkeiten zum Erlangen seiner Ziele einsetzt und sich selbst verkauft. Er prostituiert sich für das Wohlwollen der Lindenthal und schließlich des Ministerpräsidenten.

Der Intellektuelle Hochverrat, die „Kollaboration des Künstlers mit dem Faschismus"[123] stellt sich im Bündnis Höfgens mit der Macht während der Mephisto Aufführung dar. Obwohl Höfgens berechnendes Wesen durch die Bemerkung „Das geht ja alles wunschgemäß und nach dem Programm!"[124] deutlich wird, ist sich dieser über seinen Verrat und den Verkauf seiner selbst im klaren.

> „Jetzt habe ich mich beschutzt. (...) Jetzt habe ich einen Flecken auf meiner Hand, den bekomme ich nie mehr weg...Jetzt habe ich mich verkauft...Jetzt bin ich gezeichnet!"[125]

Seiner Karriere steht nun nichts mehr im Wege und der erneute Aufstieg nimmt seinen Lauf, wobei immer wieder deutlich wird, dass Höfgen stets für seine Karriere handelt. Er nutzt seine neu gewonnenen Beziehungen um sich von seiner Geliebten Juliette zu befreien, die er sich nun nicht mehr leisten kann und scheut dabei nicht einmal davor zurück, sie inhaftieren zu lassen. Seine früheren Beziehungen zu

---

[119] Vgl. Mephisto, S. 224
[120] Vgl. ebd., S. 172
[121] Vgl. ebd., S. 262
[122] Vgl. ebd., S. 248-249
[123] Vgl. Pasche, S. 52
[124] Vgl. Mephisto, S. 260
[125] Vgl. ebd. S. 262-263

kommunistischen Parteigängern beichtet er dem Ministerpräsidenten als „Künstlertorheit"[126] ab und setzt sich für seinen kommunistischen Kollegen Otto Ulrichs ein. Auch hier wird wieder sein taktisches Handeln deutlich, denn er handelt einerseits um sein Gewissen zu beruhigen und andererseits um eine Rückversicherung zu haben, um in einer „postfaschistischen Gesellschaft bestehen zu können."[127] Als Höfgen den Hamlet spielen soll bereitet ihm diese Rolle Schwierigkeiten und in seinem Inneren kämpft er einen verzweifelten Kampf mit dem Dänenprinz. Als er in seiner Verzweiflung laut nach dem Prinzen ruft, scheint ihm die Stimme dessen zu antworten: „Du gleichst dem Geist, den du begreifst – nicht mir!".[128] Die Aussage des Prinzen bestätigt, dass Höfgen beim Einfühlen in die Rolle des Mephistos keine Schwierigkeiten hatte, am Hamlet jedoch scheitern wird. Als er den imaginären Prinz daraufhin anschreit, reflektiert er gleichzeitig seinen Verrat:

> „Ich muß dich spielen können! Wenn ich vor dir versage, dann habe ich ganz versagt. Du bist die Feuerprobe, die ich bestehen will. Mein ganzes Leben und alles, was ich gesündigt habe – mein großer Verrat und all meine Schande sind allein zu rechtfertigen durch mein Künstlertum. Ein Künstler aber bin ich nur, wenn ich Hamlet bin."[129]

Als der Prinz ihm darauf erwidert „Du bist nicht Hamlet.",[130] „denn du bist ein Affe der Macht und ein Clown zur Zerstreuung der Mörder.",[131] fällt Klaus Mann ein klares Urteil und bringt das eigentliche Scheitern des Schauspielers vor der Moral und der Kunst zum Punkt.

---

[126] Vgl. ebd., S. 278
[127] Vgl. Pasche, S. 51
[128] Vgl. Mephisto, S. 376
[129] Vgl. ebd., S. 376
[130] Vgl. ebd., S. 376
[131] Vgl. ebd., S. 376

23

5. Zusammenfassung

Es wurde anhand des von Klaus Mann gezeichneten Charakters Hendrik Höfgen gezeigt, dass es sich um einen sehr Charakterschwachen Komödianten handelt, der um seiner Karriere Willen bereit ist sich selbst, Freundchaften und Moral zu verkaufen. In seiner Entwicklung vor der Machtergreifung der Nationalsozialisten wird sein Verhalten nicht nur erzählt, sondern psychologisch gedeutet. Hier findet man Hinweise und Gründe für sein opportunistisches Handeln im Dritten Reich. Es wird deutlich, dass es sich nicht nur um einen einfachen Mitläufer handelt, sondern um einen gewissenlosen Intellektuellen, der durch eigene Berechnung und Taktik zum Opportunisten wird und sich seines Verrats bewußt ist. Die von Klaus Mann gezeichneten Sozialpsychologischen Deutungsmuster für Höfgens Entwicklung - seine durch Minderwertigkeitskomplexe entstandene Ruhmsucht und sein einerseits Tyrannisches andererseits unterwerfendes Verhalten, welches in seinem sadomasochistischem Sexualverhalten seinen Höhepunkt erreicht – geben einen Einblick darüber, was die gesellschaftlichen und psychologischen Triekräfte des Faschismus waren. Somit ist der Roman Mephistoaus heutiger Sicht ein äußerst interessantes Zeitdokument.

Literaturverzeichnis

Primärliteratur:
Mann, Klaus: „Mephisto, Roman einer Karriere". Hamburg, 1981, 2. Auflage 2001.

Sekundärliteratur:
Gregor-Dellin, Martin: „Klaus Manns Exilromane". In: Manfred Durzak (Hrsg.):
    Deutsche Exilliteratur 1933-1945. Stuttgart, 1973
Kreutzer, Leo: „Theater und Karriere. Klaus Manns „Mephisto" im Lichte von
    Wilhelm Meisters „Lehrjahren" am Theater". In: *Deutschunterricht*.
    Berlin, 36. 1983: S. 31-35.
Kühlken, Edda: „Über die Theaterwirklichkeit in Klaus Manns Roman „Mephisto".
    Der Roman als theatergeschichtliche Quelle" In: Nohl, Ingrid (Hrsg):
    Ein Theatermann. München, 1977: S.195-201.
Lohmeier, Anke-Marie: „Es ist also doch ein sehr privates Buch. Über Klaus
    Manns „Mephisto", Gustav Gründgens und die Nachge-
    borenen". In: *Text und Kritik*. o.O., 1987: Heft 1993/94:
    S.100-129.
Mann, Klaus: „Der Wendepunkt. Ein Lebensbericht". München, 1989.
Pasche, Wolfgang: „Interpretationshilfen Exilromane. Klaus Mann, Mephisto;
    Irmgard Keun, Nach Mitternacht; Anna Seghers, Das siebte
    Kreuz". Stuttgart, 1993.
Reich.Ranicki, Marcel: „Thomas Mann und die Seinen". Frankfurt am Main, 1990:
    S.192-199.
Rieck, Werner: „Hendrik Höfgen. Zur Genesis einer Romanfigur Klaus Manns".
    In: *Weimarer Beiträge*. o.O., 1969: 15: S. 855-870.
Rieck, Werner: „Gregor Gregori und Hendrik Höfgen. Ein Beitrag zur
    Werkgeschichte von Klaus Mans Mephisto". In: *Wissenschaftliche
    Zeitschrift der Pädagogischen Hochschuhle Potsdam*. 12. 1968:
    S. 855-709.
Riech, Werner: „Eine Briefsatire im entstehungsgeschichtlichen Vorfeld zu Klaus
    Manns Mephisto". In: *Wissenschaftliche Zeitschrift der
    Pädagogischen Hochschuhle Potsdam*. 27. 1983: S. 245-248.
Schiller, Dieter: „Antifaschistischer Kampf als moralisches Zentrum. Zu
    Voraussetzungen der Exilromane Klaus Manns *Mephisto* und *Der
    Vulkan*". In: *Weimarer Beiträge*. 34. 1988: S. 251-268.
Spangenberg, Eberhard: „Karriere eines Romans. Mephisto, Klaus Mann und Gustaf
    Gründgens. Ein dokumentarischer Bericht aus Deutschland
    Und dem Exil 1925 bis heute". Reinbek, 1986.
Trapp, Frithjof: „Exilliteratur im Deutschunterricht. Ein Disskusionsvorschlag aus der
    Sicht der Exilforschung". In: *Der Deutschunterricht*. 35. 1983:
    Heft 5: S. 70-81.
Winckler, Lutz: „´... ein richtig gemeines Buch, voll von Tücken´.Klaus Manns
    Roman Mephisto". In: Wolff, Rudolf (Hrsg.): *Klaus Mann*. Bonn,
    1984: S. 46-80.
Winkler, Lutz: „Klaus Mann: Mephisto. Schlüsselroman und Gesellschaftssatire".
    In: *Exilforschung*. Band 1. München, 1983: S.322-342.